Leichte Gerichte aus Geflügel,

vom Schnitzel bis zum Frikassee, bieten viel
Abwechslung. Alle Rezepte sind einfach und
schnell nachzukochen, genau das Richtige
für Singles und ihre Gäste. Die Tabelle für
Mengen und Gewichte auf Seite 35 macht
Ihnen die Zubereitung sogar noch leichter.
Kaufen Sie die Zutaten immer frisch ein,
besonders die Geflügelteile, am besten im
Fachgeschäft oder bei Ihrem Händler auf
dem Wochenmarkt.

Hähnchen-Reis-Pfanne

Ein buntes Gericht mit Safranreis und Gemüse (auch Titelbild).

Spezialität aus Spanien

1/2 Tasse Reis
Salz
1 Hähnchenkeule oder 2 Hähnchen-flügel
Pfeffer, frisch gemahlen
Paprikapulver, edelsüß
1 rote Paprikaschote
1 Zwiebel
1 Knoblauchzehe
1 Eßl. neutrales Öl
3 Eßl. Wasser
1 Teel. Instant-Geflügelbrühe
1 Messerspitze Safran
2 Eßl. Erbsen, tiefgekühlt

• Zubereitungszeit: etwa 30 Minuten

Etwa 2120 kJ/510 kcal

Ganz schnell ist dieses Gericht fertig, wenn Sie bereits gekochten Reis (125 g) vorrätig haben und ein halbes gebrate-nes Hähnchen kaufen, von dem Sie das Fleisch ablösen. Das Fleisch und den Reis in die Pfanne geben, wenn die Zwiebel und die Paprikaschote gar sind.

1

Den Reis in 1 Tasse Salzwasser bei schwacher Hitze in etwa 20 Minuten körnig kochen.

2

Hähnchenteile vorbereiten (Seite 34). Mit Salz, Pfeffer und Paprikapulver wür-zen (Seite 18).

3

Die Paprikaschote waschen, putzen und in etwa 1 cm große Würfel schneiden. Die Zwiebel pellen und achteln. Die Knoblauchzehe pellen und fein wür-feln.

4

In einer beschichteten Pfanne das Öl erhitzen. Die Hähnchenteile auf jeder Seite etwa 2 Minuten scharf anbraten. Die Paprikawürfel und die Zwiebel dazugeben und alles etwa 20 Minuten bei mittlerer Hitze braten. Dabei immer wieder umrühren.

5

Den gegarten Reis und das Wasser da-zugeben. Mit Salz, Pfeffer, der Instant-Brühe und dem Safran würzen. Die Erb-sen hinzufügen, alles noch einmal um-rühren und kurz erhitzen.

Hühnerfrikassee mit Spargel

Eine würzige Variante des klassischen Hühnerfrikassees.

Raffiniert

1/2 Tasse Reis
Salz
150 g Spargel
1 Hähnchenbrust
1 Frühlingszwiebel
3 Zweige Petersilie
1 Tasse Wasser
weißer Pfeffer, frisch gemahlen
1 Teel. Instant-Geflügelbrühe
1 Eßl. Crème fraîche
1 Eßl. Zitronensaft
2 Messerspitzen Paprikapulver, edelsüß
1 Eigelb

• Zubereitungszeit: etwa 25 Minuten

Etwa 2070 kJ/490 kcal

1

Den Reis in 1 Tasse Salzwasser bei schwacher Hitze in etwa 20 Minuten körnig kochen.

2

Den Spargel schälen und kleinschneiden. Die Spargelköpfe beiseite legen.

Die Hähnchenbrust längs in mundgerechte Stücke zerteilen (Seite 34). Die Frühlingszwiebel putzen und schräg in dicke Scheiben schneiden. Die Petersilie waschen, die Blättchen von den Stengeln zupfen und grob hacken.

3

Die Spargelstücke (ohne Köpfe) in dem Wasser mit etwas Salz, Pfeffer und Instant-Brühe etwa 10 Minuten kochen lassen. Danach diese Sauce mit dem Pürierstab fein pürieren.

4

Die Hähnchenstücke, die Frühlingszwiebel und die Spargelköpfe in die Suppe geben und alles bei schwacher Hitze etwa 7 Minuten köcheln lassen. Die Crème fraîche hineinrühren und noch etwa 3 Minuten mitköcheln lassen. Dann die Herdplatte ausschalten.

5

Das Frikassee mit Zitronensaft, Paprikapulver, Salz und Pfeffer würzen. 3 Eßlöffel von der Sauce mit dem Eigelb verrühren, dann wieder zum Frikassee geben. Das Frikassee etwa 3 Minuten auf der noch heißen Herdplatte stehen lassen, dabei vorsichtig umrühren. Es soll nicht mehr kochen, weil das Ei sonst gerinnt.

6

Das Frikassee auf einem Teller neben dem Reis anrichten und mit der Petersilie bestreuen.

Hähnchenmedaillons in Senfsauce

Ein pikantes Pfannengericht für eilige Genießer.

Gelingt leicht

1/2 Tasse Reis
Salz
1 Hähnchenbrust
weißer Pfeffer, frisch gemahlen
1 Eßl. süßer Senf
1 Eßl. Crème fraîche
3 Eßl. Wasser
1 Staude Chicorée
einige Tropfen Öl

• Zubereitungszeit: etwa 20 Minuten

Etwa 1820 kJ/430 kcal

Verwenden Sie am besten parboiled Reis, der gelingt immer. Sie können aber auch Naturreis oder eine Mischung aus Reis und Wildreis nehmen.

1

Den Reis in 1 Tasse Salzwasser bei schwacher Hitze in etwa 20 Minuten körnig kochen. Anschließend gut ausdampfen lassen.

2

In der Zwischenzeit die Hähnchenbrust in 3 flache Teile schneiden (Seite 34), mit Salz und Pfeffer würzen. In einem Schälchen den Senf mit der Crème fraîche und dem Wasser verrühren. Den Chicorée putzen und am unteren Ende keilförmig ausschneiden. Einige Blätter auf einem Teller ausbreiten, den Rest quer in Streifen schneiden.

3

Das Öl in einer beschichteten Pfanne erhitzen und die Hähnchenmedaillons auf beiden Seiten scharf anbraten. Die Hitze reduzieren. Die Fleischstücke auf jeder Seite etwa 4 Minuten weiterbraten, dann an den Pfannenrand legen.

4

Die Senfsauce dazugießen und etwa 2 Minuten köcheln lassen. Die Chicoréestreifen unterheben und weitere etwa 2 Minuten in der Sauce garen. Mit Salz und Pfeffer abschmecken.

5

Die Hähnchenmedaillons auf die Chicoréeblätter legen. Die Senfsauce mit den Chicoréestreifen und den Reis daneben anrichten.

Putenschnitzel Wiener Art

Paniertes Putenfleisch mit einem leckeren Salat.

Klassiker auf neue Art

3 Kartoffeln
Salz
1 Eßl. Salatcreme
1 Eßl. Tomatenketchup
1 Eßl. Weißwein oder Brühe (Instant)
Pfeffer, frisch gemahlen
1/2 Bund Dill oder Schnittlauch
1 Portion (150 g) gemischtes Gemüse
(Gurke, Tomaten, Paprikaschoten,
Champignons, Radieschen, Zwiebel,
Blattsalat)
1/2 Packung Paniermehl (50 g, Fertig-
produkt)
150 g dünn geschnittenes Putenfleisch
1 Eßl. Butter oder Margarine
1 Zitronenspalte

• Zubereitungszeit: etwa 30 Minuten

Etwa 2310 kJ/550 kcal

Diese Schnitzel schmecken sowohl warm als auch kalt. Am besten schneiden Sie sie aus der Putenoberkeule (Seite 34) oder lassen das von Ihrem Fleischer machen. Sie können aber auch Putenbrust verwenden.

1

Die Kartoffeln, falls nötig, abbürsten und mit Salzwasser bedeckt in etwa 20 Minuten weich kochen. Besser: am Vortag gekochte Kartoffeln nehmen.

2

Die Salatcreme mit Ketchup, Weißwein, Salz und Pfeffer verrühren. Den Dill waschen und hacken oder den Schnittlauch waschen und in Röllchen schneiden, unter die Salatsauce heben.

3

Das Gemüse putzen, waschen, trockentupfen beziehungsweise pellen und kleinschneiden, einige Blätter beiseite legen. Die Kartoffeln pellen, in Scheiben schneiden und unter den Salat heben. Salzen, pfeffern und auf Salatblättern anrichten.

4

Das Paniermehl in einen tiefen Teller geben. Das Fleisch in kleine Schnitzel schneiden, anfeuchten und im Paniermehl wenden (Seite 19).

5

Die Butter oder Margarine in einer Pfanne erhitzen. Die Schnitzel darin auf jeder Seite 5–8 Minuten bei mittlerer Hitze braten.

6

Den Salat mit der Salatsauce übergießen. Kurz vor dem Essen etwas Saft aus der Zitronenspalte über die Schnitzel träufeln.

Putensteaks Pizzaiola

Goldbraune Steaks mit einer würzigen Tomatensauce und Bandnudeln.

Schnell

75 g Bandnudeln
Salz
150 g Putenbrust
weißer Pfeffer, frisch gemahlen
1 Knoblauchzehe
2 Frühlingszwiebeln
2 Zweige Basilikum
1 Eßl. neutrales Öl
1 Packung Tomatensauce (370 g, Fertig-produkt)
1 Eßl. Tomatenmark (aus der Tube)
1/2 Teel. Instant-Gemüsebrühe
2 Messerspitzen Paprikapulver, edelsüß
1 Teel. getrockneter Oregano

• Zubereitungszeit: etwa 20 Minuten

Etwa 3070 kJ/730 kcal

Geben Sie zum Nudelwasser einige Tropfen Öl, dann kleben die Nudeln nicht zusammen.

1

Einen großen Topf mit Salzwasser zum Kochen bringen und die Nudeln darin laut Packungsanweisung bißfest kochen.

2

In der Zwischenzeit die Putenbrust in 3 flache Steaks schneiden (Seite 34). Kräftig mit Salz und Pfeffer würzen. Die Knoblauchzehe pellen und fein wür-feln. Die Frühlingszwiebeln putzen und schräg in dicke Ringe schneiden. Die Blättchen vom Basilikum abzupfen und grob hacken.

3

Das Öl in einer beschichteten Pfanne erhitzen und die Steaks auf jeder Seite in etwa 2 Minuten goldbraun braten. Die Steaks aus der Pfanne nehmen.

4

Den Knoblauch in der Pfanne bei mitt-lerer Hitze kurz anrösten. Die Tomaten-sauce dazugeben. Nacheinander die Frühlingszwiebeln, Tomatenmark, Instant-Brühe, Paprikapulver und Ore-gano in die Sauce rühren und etwa 10 Minuten köcheln lassen. Mit Salz und Pfeffer abschmecken. Die Steaks die letzten etwa 2 Minuten mit in die Pfan-ne legen, ohne sie jedoch mit Sauce zu bedecken.

5

Die Nudeln auf einem Teller anrichten. Die Steaks daneben legen. Die Sauce dazugießen und mit dem Basilikum bestreuen.

Putengulasch mit Salzkartoffeln

Ein herzhaftes Gericht mit frischen Champignons.

Läßt sich gut vorbereiten

3 Kartoffeln
Salz
150 g Putengulasch aus der Oberkeule
1 Zwiebel
1 Paprikaschote
100 g Champignons
1 Knoblauchzehe
1/2 Tasse Wasser
2 Eßl. Tomatenmark (aus der Tube)
1 Eßl. neutrales Öl
2 Lorbeerblätter
2 Stückchen unbehandelte Zitronen-
schale
1/2 Tasse trockener Weißwein oder
Brühe (Instant)
1/2 Teel. gemahlener Kümmel
Pfeffer, frisch gemahlen
1 Eßl. Crème fraîche

• Zubereitungszeit: etwa 45 Minuten

Etwa 2230 kJ/530 kcal

Sie können entweder eine ganze Putenoberkeule kaufen und daraus das
Gulasch schneiden (Seite 34) oder gleich
beim Geflügelhändler 150 g Putengulasch kaufen.

1

Die Kartoffeln schälen, waschen und
vierteln, in Salzwasser in etwa 20 Minuten weich kochen. Das Kochwasser abgießen, wenn das Putengulasch fertig
ist.

2

In der Zwischenzeit das Putenfleisch
grob würfeln. Die Zwiebel pellen und
achteln, die Paprikaschote waschen,
putzen und grob würfeln. Die Champignons putzen, unter fließendem Wasser
kurz abspülen und in Scheiben schneiden. Die Knoblauchzehe pellen und fein
würfeln. Das Wasser mit dem Tomatenmark verrühren.

3

Das Öl in einer beschichteten Deckelpfanne erhitzen. Die Hitze reduzieren.
Das Putenfleisch etwa 5 Minuten rundherum anbraten. Die Zwiebel dazugeben und etwa 5 Minuten mitbraten.
Paprikawürfel und Champignons hinzu-
geben und weitere etwa 5 Minuten braten. Die Lorbeerblätter, die Zitronen-
schale und den Knoblauch dazugeben.
Die Tomatenmark-Mischung hineinrühren und alles nochmals etwa 5 Minuten köcheln lassen.

4

Den Wein oder die Brühe zum Gulasch
gießen. Mit Kümmel, Salz und Pfeffer
würzen, einmal umrühren und zugedeckt bei ganz schwacher Hitze etwa
15 Minuten köcheln lassen. Zum Schluß
die Crème fraîche unterrühren.

Putencurry

Eine fruchtige Mischung in sahniger Currysauce.

Exotisch

1/2 Tasse Reis
Salz
150 g Putenbrust
weißer Pfeffer, frisch gemahlen
2 Frühlingszwiebeln
1 Nektarine
1 Eßl. Crème fraîche
1 Eßl. Zitronensaft
2 Eßl. Wasser
2 Teel. Currypulver
1 Teel. Zucker
1 Eßl. Butter oder Margarine

• Zubereitungszeit: etwa 20 Minuten

Etwa 2470 kJ/590 kcal

Während der Reis gart, bereiten Sie das Curry zu. Statt der Nektarine können Sie auch eine Banane oder einen süßlichen Apfel mitschmoren.

1

Den Reis in 1 Tasse Salzwasser in etwa 20 Minuten bei schwacher Hitze körnig kochen. Anschließend gut ausdampfen lassen.

2

Die Putenbrust in mehrere flache Stücke schneiden (Seite 34). Mit Salz und Pfeffer würzen.

3

Die Frühlingszwiebeln putzen und schräg in Scheiben schneiden. Die Nektarine waschen, trockenreiben, den Stein herauslösen und das Fruchtfleisch in Schnitze schneiden.

4

In einer Tasse die Crème fraîche mit Zitronensaft, Wasser, Currypulver und Zucker verrühren.

5

Eine beschichtete Pfanne erhitzen und die Butter oder Margarine darin zerlassen. Die Putenschnitzel darin auf jeder Seite etwa 2 Minuten scharf anbraten. Die Frühlingszwiebeln und die Nektarinenschnitze dazugeben und etwa 5 Minuten bei mittlerer Hitze schmoren. Zwischendurch alles einmal wenden.

6

Die Currysauce dazugießen und etwa 1 Minute köcheln lassen, dabei alles einmal vorsichtig umrühren. Das Curry neben dem Reis anrichten.

Geflügel würzen

1 Geflügelfleisch können Sie vor dem Braten mit Salz, Pfeffer und edelsüßem Paprikapulver würzen. Letzteres macht das Fleisch würzig und gibt ihm eine goldbraune Farbe.

2 Sowohl frische als auch getrocknete Kräuter geben Sie besser nach dem Braten dazu, weil sie beim Braten leicht verbrennen und dann häufig bitter schmecken.

Klößchen aus Geflügelfleisch

1 Fleisch aus der Putenoberkeule eignet sich bestens für Klößchen und Frikadellen. Das Fleisch im Blitzhacker zusammen mit frischen Kräutern, zum Beispiel Petersilie, sehr fein zerkleinern.

2 Den Fleischteig mit Hackbratenmehl (Fertigprodukt) und Wasser verkneten und eine Weile ruhen lassen. Für 50 g Fleisch nehmen Sie je 1 Eßlöffel Hackbratenmehl und Wasser.

Geflügel panieren

1 Aus Putenoberkeule oder -brust mehrere dünne Schnitzel schneiden und unter fließendem Wasser gründlich anfeuchten. Pro Portion benötigen Sie etwa 150 g Fleisch.

2 Paniermehl, das bereits Ei und Gewürze enthält, auf einen Teller streuen. Das Fleisch darin wenden (das Paniermehl gut andrücken) und in Butter auf jeder Seite 5–8 Minuten braten.

Honig-Senf-Marinade

1 Eine Marinade aus 1 Eßlöffel Öl, 1 Eßlöffel Honig und 1 Teelöffel Senf rühren. Die Geflügelteile braten, die Pfanne vom Herd nehmen, weil die Marinade leicht anbrennt.

2 Die Marinade mit einem Pinsel innerhalb von 10 Minuten in der noch heißen Pfanne auf die gebratenen Geflügelteile streichen. Die Teile dabei mehrmals wenden.

Putenleberragout

Ein Spaghettigericht mit einer würzigen Estragonsauce.

Raffiniert

100 g Putenleber
1 kleiner Zucchino
1 Frühlingszwiebel
75 g Spaghetti
Salz
1 Eßl. neutrales Öl
weißer Pfeffer, frisch gemahlen
1/2 Tasse trockener Weißwein oder
Brühe (Instant)
1 Teel. getrockneter Estragon
1 Eßl. Crème fraîche

• Zubereitungszeit: etwa 20 Minuten

Etwa 2720 kJ/650 kcal

Wenn Sie die Spaghetti auf den Herd gesetzt haben, können Sie schon mit der Zubereitung des Ragouts beginnen. Falls das Ragout nach der Nudel-Garzeit noch nicht fertig sein sollte, die Spaghetti abgießen, zurück in den Topf geben und warm halten.

1

Die Putenleber putzen (aber nicht häuten, da sie sonst beim Braten zerfällt), in Hälften und dann in dünne Scheiben schneiden. Den Zucchino waschen, putzen und würfeln. Die Frühlingszwiebel schräg in dünne Ringe schneiden.

2

Die Spaghetti in einem größeren Topf mit Salzwasser nach Packungsanweisung sprudelnd bißfest kochen.

3

In einer beschichteten Pfanne das Öl erhitzen. Die Putenleber darin unter Rühren etwa 4 Minuten rundherum bei starker Hitze anbraten. Mit Salz und Pfeffer würzen. Die Zwiebel kurz mitbraten und dann die Hitze reduzieren.

4

Nach und nach den Weißwein oder die Brühe dazugießen und etwa 5 Minuten einkochen lassen. Wenn Sie den letzten Schuß Flüssigkeit dazugegossen haben, Zucchiniwürfel, Estragon und Crème fraîche dazugeben und weitere 5 Minuten köcheln lassen, dabei gelegentlich umrühren. Das Ragout mit Salz und Pfeffer abschmecken.

5

Die Spaghetti in einem tiefen Teller anrichten und das Putenleberragout darauf verteilen.

Chinesisches Huhn

Ein exotisches Gericht mit einer süß-sauren Sauce.

Fernöstlich

2 Eßl. Sojasauce
6 Eßl. Wasser
1 Eßl. Sherry
1 Eßl. Speisestärke
1 Hähnchenbrustfilet
1/2 Tasse Reis
Salz
2 Eßl. Ananassaft
1 Eßl. Tomatenketchup
1/2 Teel. Ingwerpulver oder 1 Stückchen frischer Ingwer, fein gewürfelt
1 Zwiebel
2 Scheiben Ananas (aus der Dose)
1 grüne Paprikaschote
1 Eßl. neutrales Öl
1 Eßl. Mandeln

• Marinierzeit: 1 Stunde
• Zubereitungszeit: etwa 25 Minuten

Etwa 2670 kJ/640 kcal

1

Aus Sojasauce, 2 Eßlöffeln Wasser, Sherry und Speisestärke eine Marinade rühren. Das Filet würfeln (Seite 34) und mindestens 1 Stunde in der Marinade ziehen lassen, ab und zu umrühren.

2

Den Reis in 1 Tasse Salzwasser bei schwacher Hitze in etwa 20 Minuten körnig kochen.

3

Aus 4 Eßlöffeln Wasser, Ananassaft, Ketchup und Ingwer eine Sauce rühren. 2 Eßlöffel Marinade (vorher umrühren) und etwas Salz hinzufügen. Die Zwiebel pellen und achteln, die Ananasscheiben kleinschneiden, die Paprikaschote waschen, putzen und in kleine Dreiecke schneiden.

4

Das Öl in einer Deckelpfanne erhitzen. Zwiebel und Mandeln darin anbraten. Abgetropfte Hähnchenwürfel dazugeben und etwa 5 Minuten rundherum unter Rühren bei starker Hitze anbraten, dann alles aus der Pfanne nehmen.

5

Die Pfanne etwas abkühlen lassen. Die Sauce darin unter Rühren aufkochen lassen. Ananasstücke und Paprikadreiecke hinzufügen und zugedeckt bei schwacher Hitze etwa 10 Minuten schmoren. Die Fleischmischung kurz darin erhitzen.

Puten-Pilz-Klößchen

Würzige Klößchen in einer sahnigen Petersiliensauce.

Etwas aufwendiger

10 g getrocknete Steinpilze
150 g rosa Champignons
3 Kartoffeln • Salz
1/2 Bund Petersilie
150 g Putenfleisch aus der Oberkeule
3 Eßl. Hackbratenmehl (Fertigprodukt)
3 Eßl. Wasser
1 Eßl. neutrales Öl
1 Eßl. Crème fraîche
Pfeffer, frisch gemahlen

• Zubereitungszeit: etwa 35 Minuten

Etwa 2320 kJ/550 kcal

1

Die Steinpilze in 1/2 Tasse lauwarmem Wasser etwa 10 Minuten einweichen. Die Champignons putzen und in Scheiben schneiden.

2

Die Kartoffeln schälen, würfeln und in Salzwasser in etwa 20 Minuten weich kochen. Die Petersilie waschen, die Blättchen von den Stielen zupfen und kleinhacken.

3

Das Putenfleisch zusammen mit der Hälfte der Petersilie in einem Blitzhacker zerkleinern (Seite 18). Den Fleischteig in eine Schüssel geben. Die Steinpilze abtropfen lassen, das Wasser auffangen und beiseite stellen. Die Steinpilze im Blitzhacker zerkleinern und zum Fleischteig geben.

4

Den Fleischteig mit dem Hackbratenmehl und dem Wasser gründlich verkneten und etwa 10 Minuten ruhen lassen. Aus dem Teig 5 Klößchen formen.

5

Das Öl in einer beschichteten Pfanne erhitzen und die Klößchen darin in etwa 10 Minuten rundherum braun braten. Nach etwa 5 Minuten Bratzeit die Champignons dazugeben.

6

Das Einweichwasser dazugießen, aufkochen lassen. Die Crème fraîche in die Sauce rühren und weitere 5 Minuten köcheln lassen. Mit der restlichen Petersilie, Salz und Pfeffer abschmecken.

7

Die Kartoffeln zusammen mit einem kleinen Rest Kochwasser mit der Unterseite eines Schöpflöffels zermusen und auf einem Teller neben den Klößchen anrichten.

Gebratene Hähnchenflügel mit Kohl

Die Hähnchenflügel werden beim Braten mit Honig-Senf-Sauce überzogen.

Spezialität aus Amerika

1/4 kleiner Weißkohl
1/2 süßlicher Apfel
1 Eßl. Haselnüsse
2 Eßl. Salatcreme
1 Eßl. Zitronensaft
1 Teel. Zucker
Salz
weißer Pfeffer, frisch gemahlen
3 Hähnchenflügel
1 Eßl. neutrales Öl
1 Eßl. Honig
1 Teel. Senf

• Zubereitungszeit: etwa 30 Minuten
• Zeit zum Durchziehen: 2 Stunden

Etwa 2450 kJ/580 kcal

Die Hähnchenflügel (Chicken Wings)
schmecken warm und kalt und werden
mit den Fingern gegessen. Achten Sie
beim Braten darauf, daß die Marinade
nicht mitbrät, denn sie verbrennt leicht.

1

Vom Weißkohl die äußeren Blätter und
den Strunk entfernen. Den Weißkohl
fein raffeln oder mit einem scharfen
Messer in dünne Streifen schneiden.
Den Apfel schälen, das Kerngehäuse
entfernen, den Apfel in Stifte schneiden. Die Haselnüsse grob hacken.

2

In einer Schüssel die Salatcreme mit
Zitronensaft, Zucker, wenig Salz und
Pfeffer verrühren. Den Weißkohl, die
Apfelstifte und die Haselnüsse unterheben und etwa 2 Stunden im Kühlschrank durchziehen lassen.

3

Hähnchenflügel vorbereiten (Seite 34).
In einer kleinen Glasschüssel das Öl mit
Honig und Senf verrühren.

4

Die Hähnchenflügel in einer beschichteten Pfanne ohne Fett bei schwacher
Hitze etwa 20 Minuten braten, nach
etwa 10 Minuten Bratenzeit wenden
und die Oberseite mit der Honig-Senf-
Mischung bestreichen. Die Pfanne vom
Herd nehmen, die Hähnchenflügel noch
etwa 10 Minuten darin liegen lassen, ab
und zu wenden und immer wieder mit
der Marinade bestreichen (Seite 19).

5

Die Hähnchenflügel in den Gelenken
mit einem scharfen Messer zerteilen
(Seite 34) und auf einen Teller legen.
Den Krautsalat daneben anrichten.

Geflügelcremesuppe

Eine heiße Delikatesse für kalte Tage.

Für die schlanke Linie

1 Kartoffel
1/2 kleiner Blumenkohl
1 Hähnchenkeule
1 1/2 Tassen Wasser
2 Teel. Instant-Gemüsebrühe
1/2 Bund Petersilie
1 Eßl. Zitronensaft
1 Eßl. Crème fraîche
Salz
weißer Pfeffer, frisch gemahlen

• Zubereitungszeit: etwa 30 Minuten

Etwa 1130 kJ/270 kcal

Statt der Hähnchenkeule können Sie auch eine doppelte Hähnchenbrust mit Haut und Knochen in der Suppe kochen. Das ergibt natürlich mehr Hähnchenfleisch.

1

Die Kartoffel schälen und würfeln. Den Blumenkohl putzen und zerkleinern. 2 Eßlöffel Blumenkohlröschen und die zarten Blumenkohlblätter beiseite stellen. Die Hähnchenkeule unter fließendem Wasser abspülen, anschließend trockentupfen.

2

Kartoffeln, Blumenkohl und Hähnchenkeule in einen genügend großen Topf geben. Das Wasser und die Instant-Brühe dazugeben und zugedeckt etwa 20 Minuten kochen lassen.

3

Die Petersilie und die zarten Blumenkohlblätter waschen, trockenschütteln und getrennt grob hacken.

4

Die Hähnchenkeule aus dem Topf nehmen. Zitronensaft und Crème fraîche zur Suppe geben und die Suppe mit dem Pürierstab fein pürieren. Die zurückbehaltenen Blumenkohlröschen und die gehackten Blumenkohlblätter hineingeben und die Suppe offen etwa 5 Minuten köcheln lassen. In der Zwischenzeit das Fleisch von der Hähnchenkeule lösen, Haut und Knochen wegwerfen. Das Fleisch kleinschneiden und ebenfalls zur Suppe geben.

5

Die Suppe mit Salz und Pfeffer abschmecken, in eine Suppenschale füllen und mit Petersilie bestreuen.

Salat mit geräuchertem Hähnchen

Ein sättigender Salat für eine Person oder eine Vorspeise für zwei.

Gelingt leicht

einige Salatblätter
1 geräucherte Hähnchenkeule
2 gehäufte Eßl. Preiselbeeren (aus dem Glas)
1 Beet Kresse
2 Eßl. Doppelrahmfrischkäse (60 % Fett i. Tr.)
1 Eßl. Crème fraîche
Salz
weißer Pfeffer, frisch gemahlen
1 Stück Baguette

• Zubereitungszeit: etwa 10 Minuten

Etwa 2330 kJ/560 kcal

1

Den Salat putzen, waschen und trockenschütteln. Die Salatblätter auf einem Teller ausbreiten.

2

Das Fleisch von der Hähnchenkeule lösen und auf die Salatblätter legen. Die Preiselbeeren daneben anrichten.

3

Die Kresse vom Beet schneiden. In einem Schälchen mit einer Gabel den Frischkäse mit der Crème fraîche verrühren, mit Salz, Pfeffer und etwas Kresse würzen und neben den Preiselbeeren anrichten. Die restliche Kresse als Häufchen auf den Salat setzen.

4

Das Baguette in Scheiben schneiden und mit der Frischkäse-Kresse-Creme bestreichen.

Beim Geflügelhändler oder auf dem Markt bekommen Sie geräucherte Hähnchenkeulen und -brüste. Es gibt aber auch geräucherte Putenbrust in der Aufschnittabteilung der Supermärkte. Wenn Sie keine geräucherten Hähnchenteile bekommen, kaufen Sie für diesen Salat 100 g geräucherte Putenbrust im Stück und schneiden Sie sie in flache Scheiben.

Geflügelsalat

Auch diesen leckeren Salat können Sie als Vorspeise für zwei Personen reichen.

Schmeckt nur ganz frisch

1 Orange
2 Eßl. Salatcreme
Salz
weißer Pfeffer, frisch gemahlen
1/2 Bund Schnittlauch
100 g rosa Champignons
150 g gebratenes Geflügelfleisch
einige Salat- oder Chicoréeblätter
1 Stück Baguette

• Zubereitungszeit: etwa 10 Minuten

Etwa 2160 kJ/520 kcal

Kaufen Sie für diesen Salat ein halbes bereits gebratenes Hähnchen und lösen Sie das Fleisch vom Knochen (Seite 35). Die Hälfte des Fleisches reicht für diesen Salat. Oder braten Sie eine Hähnchenbrust oder -keule mehr mit, wenn Sie ohnehin beim Braten sind.

1

Halbieren Sie die Orange und pressen Sie eine Hälfte aus. Rühren Sie in einer Schüssel aus Salatcreme, dem Orangensaft, Salz und Pfeffer eine Sauce. Den Schnittlauch waschen und in Röllchen schneiden, 1 Eßlöffel voll beiseite legen, den Rest zur Sauce geben.

2

Die zweite Hälfte der Orange schälen, das Fruchtfleisch kleinschneiden. Die Champignons putzen, unter fließendem Wasser abspülen, trockentupfen und in dünne Scheiben schneiden.

3

Das Geflügelfleisch kleinschneiden und mit der Orange und den Champignons zur Salatsauce geben. Einmal vorsichtig mischen.

4

Auf einem Teller die Salat- oder Chicoréeblätter ausbreiten. Den Geflügelsalat darauf anrichten. Mit den zurückbehaltenen Schnittlauchröllchen bestreuen. Dazu essen Sie das Baguette.

Teile vom Hähnchen

1 Keule, Brust und Flügel vom Hähnchen eignen sich für schnelle, leichte Gerichte. Flügel in den Gelenken mit einem scharfen Messer zerteilen, Enden eventuell abschneiden.

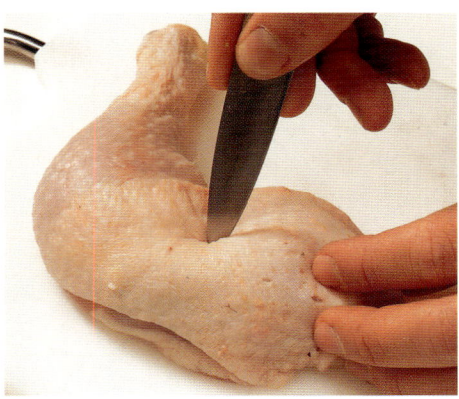

2 Beim Hähnchen sitzt das Fett unter der Haut. Wenn Sie die Haut vor dem Braten mit einem spitzen Messer mehrfach einstechen, können Sie auf das Bratfett verzichten.

Teile von der Pute

1 Das Fleisch der Putenbrust ist weiß und eignet sich gut für Schnitzel und Geschnetzeltes. Fleisch von der Oberkeule ist dunkel und würziger.

2 Aus der Oberkeule können Sie Gulasch oder Fleischteig für Klößchen und Frikadellen zubereiten. Der Knochen ergibt eine gute Grundlage für eine Suppe oder einen Eintopf.